기도를 그리다

기도를 그리다

글·그림 배영길

분재에서 노송으로

예수회에 입회하고 10년이 지나 서품을 받았습니다. 그리고 15년을 살았습니다. 내가 진정 수도자인지, 교회의 신부로 잘 살고 있는지를 돌아보게 되는 때입니다.

이제는 옛날이야기가 되어 버린, 많이 울었던 본당에서의 첫 미사와 서강대학교 학생들과 어울려 즐겁기도 했지만 오랜 행정 및 경영 사도직 속에서 지쳤던 날들, '꿈나무마을'에서 갓난아이들과 보냈던 복된 시간 등…. 이 모든 나날에 저를 끊임없이 사랑하시는 님의 손길이 함께하셨음을 고백합니다.

그 시간을 살면서 님께서 어디에 계시는지, 나는 어디를 바라보며 사는지 끊임없이 방황하면서 매일 하늘을 향해 걷는 제 모습이 마치 분재 같다고 생각했습니다. 세상 다 산 듯 보이지만 여름 햇볕의 뜨거움도 겨울 눈보라의 매서움도 모르는 채, 모양만 노송인 화분 안의 나무처럼 말입니다.

수도 여정의 길 위에 오래 남아 당당히 자리하고 계시는 노선배들처럼 저도 깊은 멋과 맛을 내는 노송으로 살고 싶습니다. 이 작

은 바람이 저뿐만 아니라 이 책을 통해 주님을 찾고 따르며, 주님
께 위로를 청하는 많은 이들의 바람이기를 기원합니다.

이 책은 이냐시오 성인의 영신수련을 바탕으로 한 관상과 묵상
을 통해 그리고 쓴 그림과 글을 담고 있습니다. 예수님의 강생부
터 파스카 사건에 이르는 구원의 역사를 따라 네 개의 부로 구성
되었으며, 각 부의 첫머리에 실린 짧은 글은 묵상으로 이끄는 길
잡이가 될 것입니다.

이 그림과 글이 아직 기도하는 방법을 찾지 못했거나 형식에 매
여 기도가 메말라 버린 분들에게 새로운 영적 여정을 제시하고,
삶에 지친 분들에게는 영적 위로가 되기를 바랍니다. 이를 통해
기도 속에서 주님의 사랑과 위로를 받아, 일상에서 주님의 사랑
을 전하며 행복하게 살아가시기를 기도드립니다.

2024년 가을의 문턱에서

배영길

차
례

머리말   분재에서 노송으로   4

제1부   강생   8
         말씀이 사람이 되시어

제2부   공생활 I _ 행적   34
         하느님의 나라

제3부   공생활 II _ 말씀   100
         새 포도주는 새 부대에

제4부   파스카   152
         끝까지 사랑하셨다

맺음말   긴 터널을 지나서   193

제1부

강생

말씀이
사람이
되시어

님을 그리다, 기도를 그리다

"신부님, 요즘 그림 몇 장이나 그리셨어요?"

가까운 지인 두 분에게 이렇게 가끔 물어봐 주십사 부탁드립니다. 이 말은 "신부님, 요즘 기도는 얼마나 하셨어요?"라는 말과 같기 때문입니다. 저는 기도하지 않으면 그림을 그리지 못합니다. 제 그림은 기도 후의 성찰이기 때문입니다.

예수회원들은 기도하고 나면 15분 정도 기도 성찰을 하는데, 저는 그 기도 성찰을 그림으로 대신합니다. 수련 2년 차 때부터 그림을 그린 것 같습니다. 어느 날은 성찰 노트를 읽는데 무슨 말을 써 놓았는지 통 알 수가 없었습니다. 저의 악필 탓이리라 생각합니다. 그때부터 성찰문을 작성하고 나서 저만 알 수 있는 간단한 기호나 작은 삽화를 그려 넣었습니다. 놀랍게도 그것들을 보면, 오래전 기도 체험임에도 불구하고 그날 그 기도 속으로 푹 들어가는 듯하였습니다.

나중에 안 사실이지만 '이콘'의 의미가 그러하다고 합니다. 이콘을 통해서 기도의 세계로 깊게 잠기는 기도법. 작고 부족하지만, 저만의 기호나 삽화를 통해 '이콘'이 주는 그 느낌을 맛보고 있었던 것 같습니다.

고백하건대 저는 그림을 잘 그리지 못합니다. 이 말을 하면 어떤 이는 "무슨 소리! 그런 사람이 그림책을 내?"라고 할지 모르나, 저는 더 섬세하게 그릴 자신이 없습니다. 배운 적도 없지만, 소질도 없습니다. 성격이 급하여 차분하게 오래 몰두하여 그린다는 것은 상상도 못 하기에 간단한 스케치 수준에서 마무리합니다.

그 대신 그림에 담긴 뜻을 이해하지 못한 이들을 위하여 글을 함께 적어 둡니다. 그림을 잘 그리지 못하니 설명이 필요하고, 글을 잘 못 쓰니 상황을 설명하는 삽화가 필요합니다. 그래서 글과 그림으로 기도를 표현하는 방식이 탄생했습니다. 모르는 사람이 보면 "참 못 그렸다"라고 평할지 모르나, 저에게는 주님이 주시는 생명의 양식입니다. 고로 그림의 잘잘못을 평하지 않으려 합니다.

이렇게 24년을 그리다 보니, 읽고 보아 주는 이들이 생기는 것이 놀랍고 고마울 따름입니다. 아마 저의 기도는 내일도 그림 위에 내려앉을 것입니다. 님께서 허락하신다면.

말씀이 세상 안으로

두루마리 속에
갇혀 있던 말씀이
세상 안으로
선포되었다

두루마리 속에
예시되었던 구원이
세상 안에서
실현되었다

두루마리 속에
예언되었던 이가
우리와 함께
살아 숨 쉬고 있다

"말씀이 사람이 되시어 우리 가운데 사셨다. 우리는 그분의
영광을 보았다."

요한 1,14

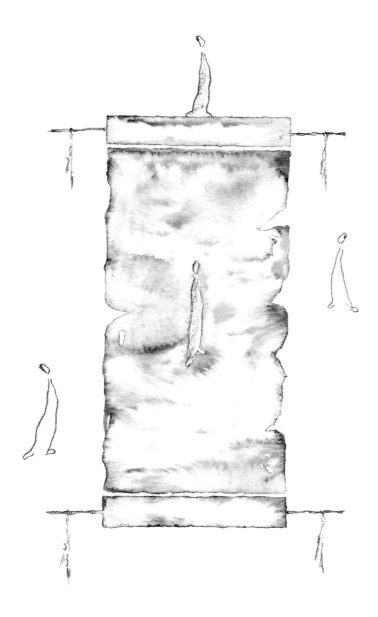

님께서 함께

함께한다는 것만으로
웃을 수 있습니다

함께 이 자리를
지킬 수 있어
참 다행입니다

내가 오늘을
살 수 있는 건
함께해 주는 이들이
있기 때문입니다

나도 누군가 곁에 가
함께해야겠습니다

"은총이 가득한 이여, 기뻐하여라. 주님께서 너와 함께
계시다."

루카 1,28

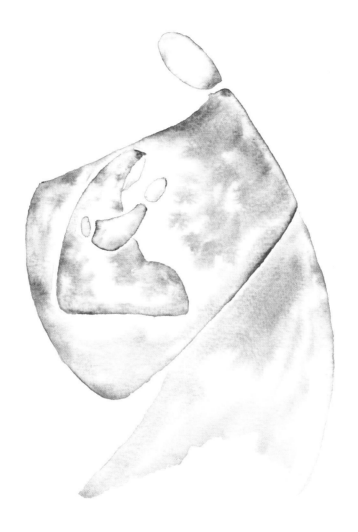

인사 전합니다

작은 마음 모아
소중히 인사를 전합니다
매 순간 님처럼
만나는 이들에게
인사를 전하며 살 수 있길
작은 바람 모아
소중히 인사를 전합니다

"즈카르야의 집에 들어가 엘리사벳에게 인사하였다."

루카 1,40

저 하늘에서

바람 타고
님과 함께
파아란 하늘을 안았습니다

저 하늘에
'사랑합니다'라고
크게 새겨 놓고 왔습니다

님과 함께
저 하늘에
바람 타고

"그분의 자비는 대대로 당신을 경외하는 이들에게
미칩니다."

루카 1,50

사랑의 흐름

아들은
아버지가 되고
아들이 자라
또 아버지가 되어

여기 내가 이렇게

사랑으로 시작된
이 유구한 흐름 속에
사랑이 사랑을 낳고
그 사랑이 자라

여기 우리가 이렇게
내일에 넘길
사랑을 품으며

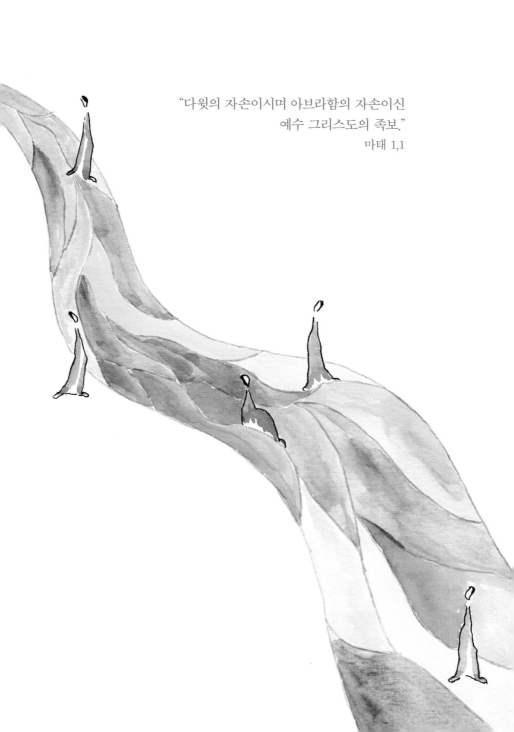

"다윗의 자손이시며 아브라함의 자손이신
예수 그리스도의 족보."
마태 1,1

별 총총한 밤에

내가 봐야 할
이들만 보며
가는 거지요

내가 봐야 할
것만 보며
가는 거지요

욕심 없이
욕망도 없습니다

이들과 함께
저 별을 오래
노래하고 싶을 뿐입니다

별 총총한 이 밤이
참 좋습니다

"잠에서 깨어난 요셉은 주님의 천사가 명령한 대로 아내를
맞아들였다."

마태 1,24

성탄에

지극히 높은 곳에서는 하느님께 영광
땅에서는 그분 마음에 드는 사람들에게 평화!

그렇게
님께서 우리 곁에
오셨습니다

지극히 높은 곳에서는 하느님께 영광
땅에서는 그분 마음에 드는 사람들에게 평화!

"지극히 높은 곳에서는 하느님께 영광
땅에서는 그분 마음에 드는 사람들에게 평화!"

루카 2,14

인사드립니다

인사드립니다
겸손하게 머리 숙여

인사드립니다
존경하는 마음으로

인사드립니다
사랑을 담아

그렇게
인사를 전합니다
나의 님께

"그리고 그 집에 들어가 어머니 마리아와 함께 있는 아기를
보고 땅에 엎드려 경배하였다."

마태 2,11

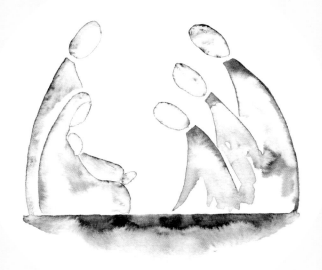

하늘을 닮은 아이에게

나의 아들아!
저 파아란 하늘의
빛이 되어라

나의 딸아!
저 밤하늘에
영롱한 별이 되어라

하늘을 닮은
나의 아이야!
하늘을 살아라

엄마, 나의 어머니

가슴에 하늘을 담고
사셨을 엄마

가슴에 나를 품고
사셨을 엄마

가슴에 그 뚫린 가슴에
사랑을 지고
이렇게 살아오신
나의 어머니

— 원죄 없이 잉태되신 복되신 동정 마리아 대축일에

"당신의 영혼이 칼에 꿰찔리는 가운데, 많은 사람의 마음속
생각이 드러날 것입니다."

루카 2,35

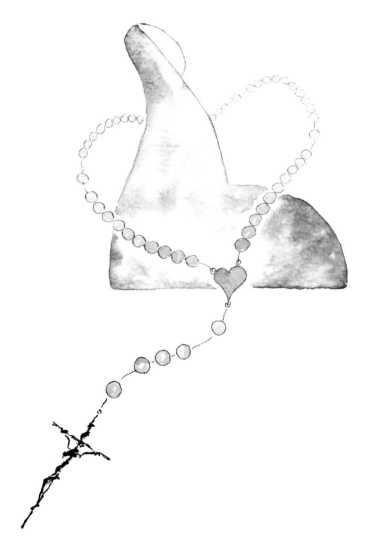

한 방울 한 방울에

한 방울 한 방울에
당신의 설움과 아픔
간직했듯이

한 방울 한 방울에
님의 사랑
간직했습니다

그 마음 깊이
내 가슴에 담아 봅니다

"그의 어머니는 이 모든 일을 마음속에 간직하였다."
루카 2,51

제2부

공생활 I _ 행적

하느님의
나라

가련한 자, 위로하는 자

지친 사람들이 주변에 참 많습니다. 모든 것이 완벽하여 무엇 하나 부족해 보이지 않는 이들도 자세히 들여다보면, 누구에게도 말 못 하는 아픔을 안고 살아가는 경우가 대부분입니다. 개인뿐이겠습니까? 어느 집안이나 나름의 아픔을 안고 살아갑니다. 그래서 우리는 모두 위로가 필요한 존재입니다.

프랑스 작가 빅토르 위고의 소설 《레 미제라블》을 보면, 19세기 프랑스 사회를 배경으로 여러 인물이 겪는 고난과 투쟁 그리고 사랑이 담겨 있습니다. 그 소설에 등장하는 한 사람 한 사람의 모습은 소설의 제목처럼 '비참한 사람들', '가련한 사람들'입니다. 그 가련한 사람들이 자신의 방식대로 사랑하며 살아갑니다.

매일 급변하는 21세기를 사는 우리 역시, 그들과 무엇 하나 다르게 없는 가련한 자의 모습으로 오늘을 그리고 내일을 살아가겠지요. 하지만 우리는 그 안에서 각자의 방식대로 사랑을 하며 살 것입니다. 어설프게나마 서로가 서로를 위로하면서 말입니다.

그런 우리 인간 존재를 묵묵히 바라봐 주시는 분들이 계십니다. 이냐시오의 영신수련(101-109번)에서 예수님의 생애를 묵상하기 전에 하늘의 이미지가 그려집니다. 성부, 성자, 성령 성삼위 하느님께서 인간 세상을 내려 보시고, 마음 아파하십니다. 그리고 예수님께서는 인간을 구원하시기 위해 세상 속으로 내려오십니다.

복음 전반에 걸쳐 위 이미지는 반복적으로 그려집니다. 가련한 사람들이 등장하고, 주님의 눈길이 그들을 따라 움직입니다. 그리고 그들을 향해 움직이시는 주님이 계십니다. 주님의 눈길이 머문 사람들을 제자들이 바라봅니다. 그리고 그들 곁에 한 발 가까이 갑니다. 그리고 그분의 눈길은 이제 우리의 눈길이 됩니다.

우리는 가련한 사람들, 아파하는 사람들, 기가 꺾인 사람들, 약한 사람들을 주님의 눈길로 바라보고, 그분처럼 그들 곁에 머물러야 하며, 그들을 향해 한 발 가까이 가야 합니다.

우리 역시 가련한 사람들입니다. 하지만 우리는 위로하는 자로 부름을 받은 사람들입니다. 삼위의 눈길이 나를, 주님의 눈길이 나를, 사도들의 눈길이 나를 향합니다. 그렇게 사랑받는 나는 결코 웅크린 채 고개를 숙이고 있을 수 없는 존재입니다. 이제 허리를 펴고 고개를 들어 하늘을, 나의 사람들을 봐야 할 때입니다.

흡족한 모습

님 보시기
흡족한 모습입니다

나의 세례도
님 보시기
흡족했으려나…

아마도
나나
예수님이나
당신 눈엔
마냥
흡족한 아들이겠지요

"이는 내가 사랑하는 아들, 내 마음에 드는 아들이다."
마태 3,17

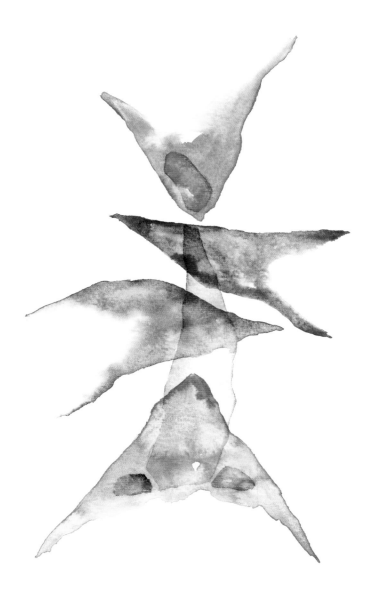

유혹

짐작할 수 없이
훅 들어와
내 마음을 요동치게
하는 것들이 있다

보이는 것들
만져지는 것들
찾게 되는 것들

매 순간 깨어
살펴야 한다

언젠가 후회하는
나를 만나기 전에

"그때에 예수님께서는 성령의 인도로 광야에 나가시어,
악마에게 유혹을 받으셨다."

마태 4,1

새로운 세상

여기서
지금부터

새로운 세상을
시작합시다

못 할 이유가 없지요

지금 여기서
시작해요

"주님의 은혜로운 해를 선포하게 하셨다."

루카 4,19

사랑잡이

좀 더
나눌 수 있길

좀 더
안아 줄 수 있길

좀 더
함께할 수 있길

그렇게
큰 그물을 쳐
좀 더 많은 이들을
사랑할 수 있다면

"두려워하지 마라. 이제부터 너는 사람을 낚을 것이다."

루카 5,10

불안한 예감

이 일이
내게 무슨 상관이야
그냥 나서지 말고
이 시간만 보내면
되는 것 아니야

아… 저 양반 또 나선다

이러다 내가
저 많은 물독에
물을 가득 채워야
하는 것 아니야

결국
저 많은 독에 물을
내가 다 채웠다
저분 때문에

"무엇이든지 그가 시키는 대로 하여라."

요한 2,5

46

한결같이

한결같이
님의 곁에 머물 수 있길

한결같이
사람들과 함께일 수 있길

한결같이
사랑할 수 있길

한결같기가
참 어렵습니다

그래도 그랬으면
좋겠습니다

"내가 주는 물은 그 사람 안에서 물이 솟는 샘이 되어
영원한 생명을 누리게 할 것이다."

요한 4,14

사람들

아무런 상관없다고
뒤돌아서고 싶겠지만

아니요, 다시
자세히 보아요

그들이 나의
부모, 형제, 친구임을
알게 될 것입니다

자세히 보지 않고
무엇도, 누구도
스쳐 보내서는 안 됩니다

"아! 나자렛 사람 예수님, 당신께서 저희와 무슨
상관이 있습니까?"

루카 4,34

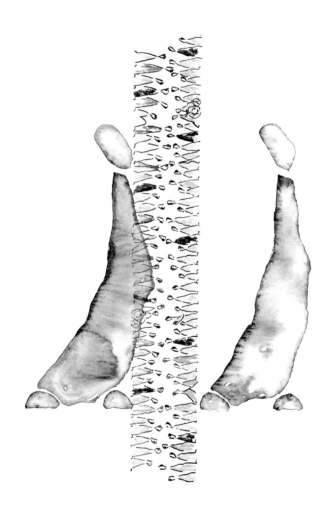

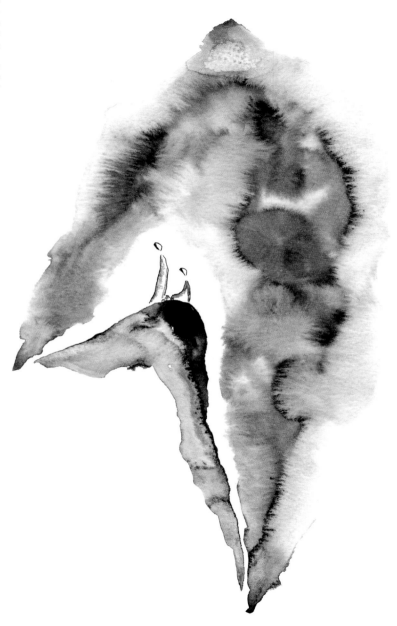

그의 곁에

밤을 지새 본 이들은 알고 있지
그 적막함이 주는 외로움을

어둠을 대해 본 이들은 알고 있지
그 막막함이 주는 불안함을

하여, 이 밤
님의 곁에 함께 합니다

하여, 이 어둠
님과 함께 기도합니다

님께서 그리해 주셨듯이

"그 무렵에 예수님께서는 기도하시려고 산으로 나가시어,
밤을 새우며 하느님께 기도하셨다."
루카 6,12

사람이 먼저

법보다 먼저
돈보다 먼저
늘 먼저여야 하는 것이
사람입니다

어떤 경우라도
내 자존심보다
먼저여야 하는 것이
그대입니다

"얘야, 용기를 내어라. 너는 죄를 용서받았다."

마태 9,2

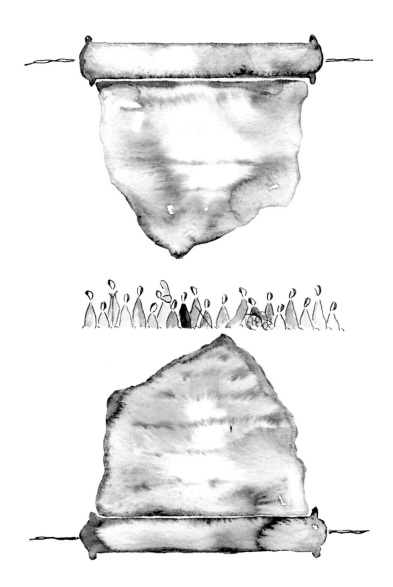

55

함께 저 하늘을

뭐 할까?
뭘 하길 원해?

저 파아란 하늘을
날게 해 줘요

그래, 함께 저 하늘을
날아 보자

내가 원하는 대로
내리사랑만큼은
아니어도

나누며, 사랑하며
함께 날 수 있길 원합니다

"내가 너희에게 묻겠다. 안식일에 좋은 일을 하는 것이
합당하냐? 남을 해치는 일을 하는 것이 합당하냐?"

루카 6,9

묵직한 돌 하나

겁이 나서
핑계를 찾다가
들었습니다
나를 닮은 묵직한 돌을

그렇게 너 나 할 것 없이
딱 저만큼의 불안을
상처를, 아픔을 담아
들고 서 있는 그 돌

선뜻 던지지도 못하는
이 약한 사람들

너 나 할 것 없이
우리는 그저 위로가
필요한 사람들입니다

"너희 가운데 죄 없는 자가 먼저 저 여자에게 돌을 던져라."
"나도 너를 단죄하지 않는다. 가거라."

요한 8,7.11

58

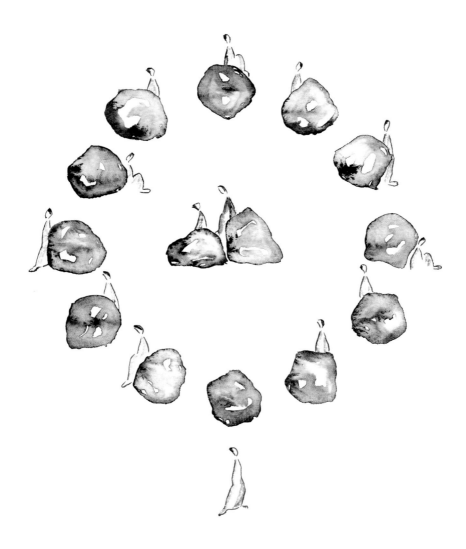

해방

그대여!
저 하늘을 날아오르시오

그대를 속박하는 것들이
모두 사라졌다오

그대여!
저 미래를 마음껏 꿈꾸시오

그대를 가리던 벽들이
다 사라졌다오

그대여!
마음껏 행복하시오

그러기에 충분한
당신이라오

"여인아, 너는 병에서 풀려났다."

루카 13,12

기둥

모양도, 색도
모두 달라

이걸 가져다
무엇에 쓸까
걱정도 되었습니다

하지만
임께서
당신 교회의
기둥으로
세우셨습니다

당신의 피로
기초를 놓고
그 위에 세운 기둥입니다

듬직하니
볼 만합니다

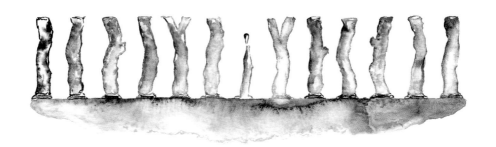

"그분께서는 열둘을 세우시고 그들을 사도라 이름하셨다.
그들을 당신과 함께 지내게 하시고, 그들을 파견하시어
복음을 선포하게 하셨다."

마르 3,14

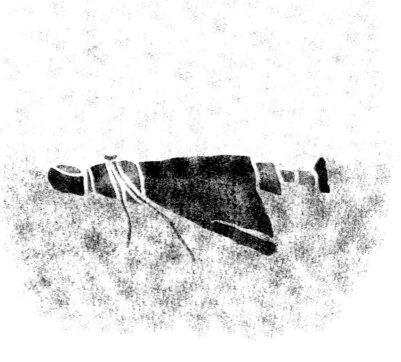

소녀야 별이 되어라

소녀야!
일어나라!

일어나
나비 되어
밤하늘 별이 되어라

"소녀야, 내가 너에게 말한다. 일어나라!"

마르 5,41

나의 길

굳이 같은 길을 갈
필요는 없다

몰려갈 것도 아니다

내게 주어진 길을
나의 호흡을 지키며
가면 된다

묵묵하게
이 길을

"가서 '하늘 나라가 가까이 왔다' 하고 선포하여라."

마태 10,7

한 알 한 알에

한 알에 한 사람
얼굴을 떠올립니다

또 한 알에
또 한 명을 담습니다

그렇게
담긴 이들이
오늘을 또 내일을
하늘을 노래하며
살 수 있길

"그렇습니다, 아버지! 아버지의 선하신 뜻이
이렇게 이루어졌습니다."

루카 10,21

짐

짐을 안고
살아가는 사람들

짐에 치여
허덕이는 사람들

그들 사이에
나 역시

님이시여
찾아오소서
저희에게
자비를 베푸소서

저희를
쉬게 하소서

"고생하며 무거운 짐을 진 너희는 모두 나에게 오너라.
내가 너희에게 안식을 주겠다."

마태 11,28

기적

부족해 보일 거야
말도 안 되는 일일 거야

하지만
그것으로 가능했다지

그것이 믿음인 거야
그러니 기적인 거야

우리 작은 이들과
하늘이 만들어 내는
그것이 기적인 거야

그래, 오늘 믿음을 안고
그 기적의 하루를 살아 보는 거야

"저희는 여기 빵 다섯 개와 물고기 두 마리밖에 가진 것이
없습니다."
마태 14,17

아이처럼

마치 아이처럼
졸라 보았습니다

그런 내게
오라 하십니다

마치 아이처럼
아장아장
님을 향해
나아가려 합니다
마치 아이처럼

저기 님 품까지

"주님, 주님이시거든 저더러 물 위를 걸어오라고
명령하십시오."
"오너라."

마태 14,28.29

하늘에서

이 파아란 하늘이
내 것입니다

저 넓은 하늘이
내 것입니다

하늘에서
참 행복했습니다
님과 함께

나도 커서
님처럼 이렇게

"너는 베드로이다. 내가 이 반석 위에 내 교회를
세울 터인즉, 저승의 세력도 그것을 이기지 못할 것이다."

마태 16,18

집중

계산할 것 없이
하나에 집중해야 한다

가장 중요한 것에
시선을 두고
온 힘을 다해
나를 던져야 한다

다음은 없으니

"사람이 온 세상을 얻고도 자기 자신을 잃거나 해치게 되면
무슨 소용이 있느냐?"

루카 9,25

내가 살 곳

사랑하는 우리 님과
꿈처럼 살고 싶은
마음 간절합니다

하지만, 그렇게
얼마나 갈 수 있을까요

결국 내가 살 곳은
약하고, 작고
그래서 평범한 이들 사이입니다

그것을 잘 알기에
지금 이 꿈도 소중합니다

"스승님, 저희가 여기에서 지내면 좋겠습니다."

루카 9,33

별 타고

별 잡아 타고
저 파아란 하늘을
우리의 아이들과
함께 날아 볼 수 있다면
얼마나 좋을까

이런 동심이 아직도
우리에게 조금이라도
남아 있다면

아마도
세상은 조금 더
아름다울 것입니다

지금보다
조금 더

"사실 하늘 나라는 이 어린이들과 같은 사람들의 것이다."
마태 19,14

가라! 그래 가자!

가라!
저들의 삶 속으로
가서, 함께하라

가자!
저들의 마음속으로
가서, 위로하자

무거운 걸음이
무거운 삶이
조금은 가벼워지도록

가라! 그래 가자!
사랑 속으로

"가서 너도 그렇게 하여라."

루카 10,37

84

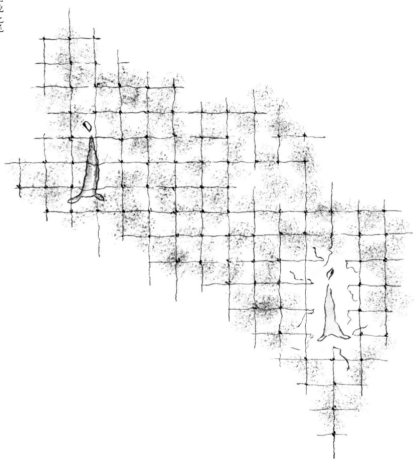

걱정 걱정

괜찮다고 해도
걱정 말라 해도

나를 잡고 있는
그 걱정 걱정

고개 들어
하늘을 보며
잠시 그 걱정을
끊어 버립니다

잠시에
또 잠시를 더해
조금은 더
가벼워지시길

"마르타야, 마르타야!
너는 많은 일을 염려하고 걱정하는구나."

루카 10,41

돌아오는 길

그가 나를 찾아
여기까지

그가 나를 메고
이 길을 다시

나를 안고
그가 웃었다

그를 안고
나도 웃었다

그렇게 우리는
함께 웃었다
돌아오는 길에서

"아흔아홉 마리를 산에 남겨 둔 채 길 잃은 양을
찾아 나서지 않느냐?"

마태 18,12

아빠답게

아이처럼, 울었습니다
안아 주는 그 사랑에

아이처럼, 삐졌습니다
이해되지 않는 그 사랑에

괜찮아 나의 아이야
그렇게 커 가는 거야
그렇게 배우는 거야

먼 훗날
너희 아이에게
너희도 이렇게
그때는 어른답게
아빠답게

"애야, 너는 늘 나와 함께 있고 내 것이 다 네 것이다.
너의 저 아우는 죽었다가 다시 살아났고 내가 잃었다가
되찾았다."

루카 15,31-32

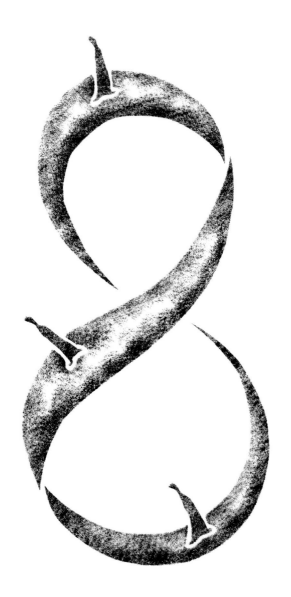

돌고 돌고

언제까지 그리 제자리만
맴돌고 있을 것인가

언제까지 그리 남들만
바라보고 있을 것인가

남이 정해 준 길을 박차고
하늘 길을 따라 한 걸음

"이처럼 꼴찌가 첫째 되고 첫째가 꼴찌 될 것이다."
마태 20,16

하나에 하나 더

사랑에 사랑을 더해
사람을 찾습니다

믿음에 믿음을 더해
하늘을 찾습니다

하나에 하나 더
그만큼의 마음이

사람을, 하늘을
향할 수 있길

"저희에게 믿음을 더하여 주십시오."

루카 17,5

이쁜 나무에 올라

이쁜 나무 하나
골라 올라타고
님을 기다립니다

이 나무가 나를
님에게로
인도해 주겠지요

아니, 나무가 아니라
너의 이쁜 마음이
님을 불러 세울 거야

그 마음 참 이쁘다
님을 기다리는 마음이

*"자캐오야, 얼른 내려오너라.
오늘은 내가 네 집에 머물러야 하겠다."*

루카 19,5

님의 자리에서

그 그늘에서
행복했습니다

그 품에서
안전했습니다

모두가 함께
웃을 수 있어
좋았습니다

이 자리를
펴 주신 님을
사랑합니다

"나의 집은 기도의 집이 될 것이다."

루카 19,46

제3부

공생활 II _ 말씀

새 포도주는
새 부대에

님의 곁에서

사제로 살면서 얻는 가장 큰 위안은 만나는 이들이 자신의 마음을 쉽게 열고 나눈다는 것입니다. 그들의 마음속 깊은 곳에 있는 이야기를 듣다 보면, 모든 이의 마음을 관통하는 주제 한 가지를 발견합니다. 바로 '외로움'입니다.

저 또한 그렇습니다. 오랜 시간 화두로 가슴속 깊이 담고 사는 주제 역시 '외로움'입니다. 그러나 이제는 압니다. 이 외로움이라는 녀석은 그냥 안고, 품고 가야 하는 내 몸의 일부와 같다는 것을….

외롭지 않기 위해 참 많은 일을 했습니다. 두리번거리며 누군가를 찾기도 하고, 해가 질 때쯤이면 친구의 번호를 누를까 말까 하면서 휴대전화를 몇 번이고 들었다 놓기도 했습니다. 그렇게 고심 끝에 연락한 이에게서 선약이 있다는 말을 듣고 전화를 끊을 때면, 내 모습이 왜 이리 비참하던지요. 그래서 더 상처받기 싫어, 그 마음을 들키기 싫어, 관계를 끊고 스스로 외로움 속으로 찾아 들어가는 그런 약한 존재입니다.

"그분께서는 열둘을 세우시고 그들을 사도라 이름하셨다. 그들을 당신과 함께 지내게 하시고, 그들을 파견하시어 복음을 선포하게 하시며"(마르 3,14). 이 구절을 기도하는데 제 마음 깊이 위로가 찾아왔습니다. 그랬구나! 이분도 외로우셨구나.

그동안은 주님께서 제자들을 불러 사도로 삼은 이유가 함께 복음을 선포할 동료가 필요해서인 줄 알았는데, 그게 아니었습니다. 위 복음을 통해 알 수 있듯이 주님께서 제자들을 부르신 첫 번째 이유는 '그들과 함께 지내기' 위해서이고, '그들을 파견하시어 복음을 선포하게 하심'은 두 번째 이유입니다. 참 모르고 살았습니다. 그저 열심히 사도직을 하고, 봉사하고, 선행을 하면 된다고 생각했는데, 그게 아니었습니다.

그분 곁에 가까이 앉아 그분 말씀을 듣고, 그분과 이야기하고, 그분을 이해하고, 가끔은 위로도 해 주는 친구가 그분에게도 필요했습니다. 나의 주님도 나처럼 외로움을 안고 살았던 인간임을 느끼는 순간이었습니다.

이러한 주님을 통해 마리아와 마르타의 이야기를 이해할 수 있었습니다. "마리아는 좋은 몫을 선택하였다"(루카 10,42). 활동도 중요합니다. 하지만 먼저, 주님 곁에 머물러 그분의 벗이 되는 것이 우리가 주님께 부름을 받은 첫 번째 이유임을 명심해야 합니다.

나의 외로움 안으로 찾아오셔서 친구가 되어 주신 내 님께, 이제는 내가 님께 찾아가 잠시, 아주 잠시라도 곁에 머물러야 할 때입니다.

행복하소서

풍등 하나 올려
하늘에 기도를 전합니다
'그대 행복하소서'

또 하나, 하나를 더해
'그대 행복하소서'

그렇게 우리를 위해
기도하는 이가 있습니다

'그대 행복하소서'라고

― 모든 성인 대축일에

"행복하여라."

마태 5,3

딱 이만큼만

엄청난 무엇을
바라지 않습니다

한 아이의 한 걸음을
밝힐 수 있으면
족합니다

큰 무엇을
원하지 않습니다

한 아이의 마음을
안아 줄 수 있으면
충분합니다

딱 그만큼만
원합니다

"너희는 세상의 소금이다. 너희는 세상의 빛이다."

마태 5,13.14

다시

다시 시작할 수 있도록
다시 마주할 수 있도록
이어 주는 마음에
밀어 주는 정성에
용기 내어
다시

"너희는 원수를 사랑하여라."

루카 6,27

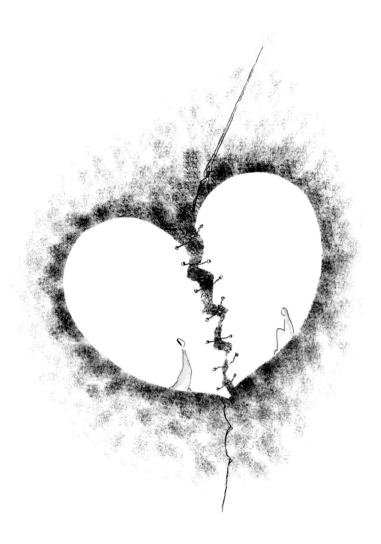

말 말 말로는

말로는
세상도 구하지

말로는
영성의 대가지

하지만
말로는 자기 하나
바꾸지 못함을 안다

그러면서도
말로 자신을
가리려 하지

"너희는 기도할 때에 다른 민족 사람들처럼
빈말을 되풀이하지 마라."

마태 6,7

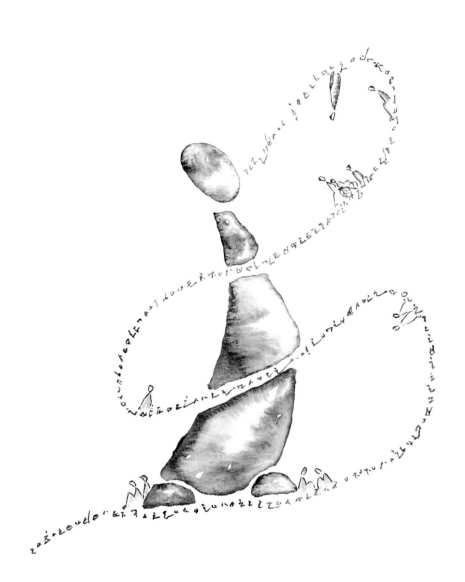

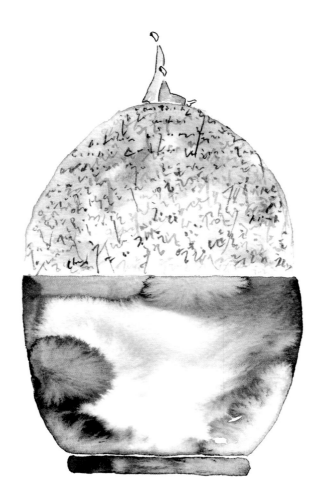

식사하세요

건하게 차렸습니다
든든하게
식사하세요

정성껏 차렸습니다
행복하게
식사하세요

마련하신 그 마음에
배가 불러옵니다

배려하신 그 사랑에
힘이 납니다

잘 먹겠습니다

"하늘에 계신 저희 아버지."

마태 6,9

이 자리에서

때론 바람에
가지가 부러지고

때론 가뭄에
빠짝 말라 버리고

옹이에, 휜 모습에
볼썽사납게 보일지라도

이렇게 이 자리에서
세월을 보냈습니다

온전히 이 모습
하늘은 아시겠지요

하늘 향해 오늘도
자라는 내 모습을

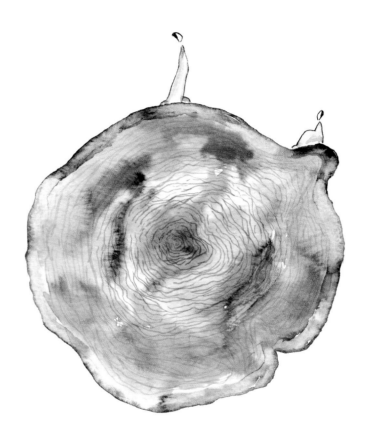

"너희는 먼저 하느님의 나라와 그분의 의로움을 찾아라."

마태 6,33

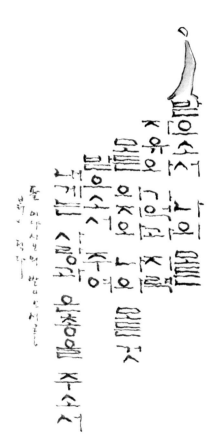

무엇을 청할까

이냐시오 성인의 '받으소서'를
적으며, 생각했다

우리가 청해야 할 것에
답은 이미 나와 있는데
왜 이리, 엉뚱한 것들에
눈이 가는 걸까

청할 것을 청하고
버릴 것은 버려야 하는데

다시 한번
'받으소서'를 되뇌어 본다

"청하여라, 너희에게 주실 것이다. 찾아라, 너희가 얻을
것이다. 문을 두드려라, 너희에게 열릴 것이다."

마태 7,7

님의 몸

그리스도의 몸
아멘

그 짧은 응답이
그리운 나날입니다

그리스도의 몸
아멘

그 짧은 응답에
새로운 삶이

그리스도의 몸
아멘

"나는 생명의 빵이다. 내가 줄 빵은 세상에 생명을 주는
나의 살이다."

요한 6,48.51

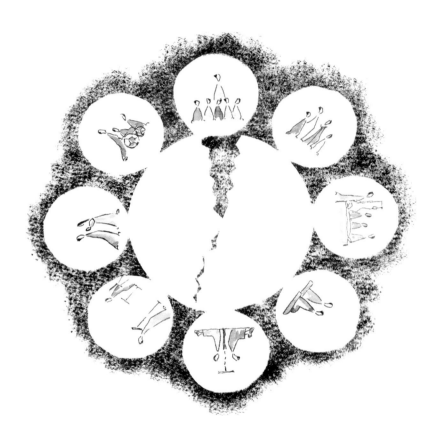

사람들

이 사람들을
통하지 않고는
하늘에 오를 수 없지

이 사람들을
안아 주지 못하면
하늘을 품을 수 없지

이들이 나의
살 자리요
사랑할 하늘이지

"나는 문이다. 누구든지 나를 통하여 들어오면
구원을 받고, 또 드나들며 풀밭을 찾아 얻을 것이다."

요한 10,9

120

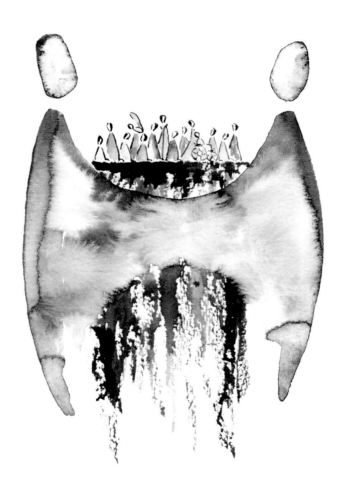

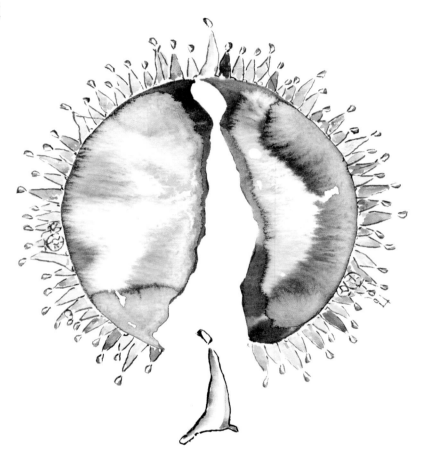

그 품에

이 자리가
든든한 자리입니다

이 품이
사랑받는 자리입니다

이 자리에서
행복할 것입니다

이 품에서
사랑할 것입니다

늘 이 품에서

"그러므로 나의 이 말을 듣고 실행하는 이는 모두 자기 집을
반석 위에 지은 슬기로운 사람과 같을 것이다."

마태 7,24

노숙

저 하늘에 희망을 걸고
님께 믿음을 두고
우리 안에 사랑을 담아
이 밤을 지냅니다

저 별들이 우리의
마음을 읽어 주겠지요

"여우들도 굴이 있고 하늘의 새들도 보금자리가 있지만,
사람의 아들은 머리를 기댈 곳조차 없다."

마태 8,20

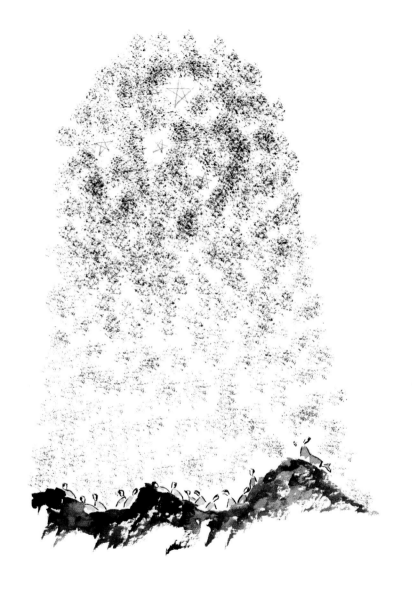

새 부대에 앉아

새 부대에 자리 잡고 앉아
잘 익어 보렵니다

님과 오래 함께하여
깊은 맛이 들고

님과 오래 함께하여
찐한 멋이 들어

만나는 이들에게
그 맛을 멋을 전하는
이로 남고 싶습니다

이렇게
님의 향기를 품습니다

"새 포도주는 새 부대에 담아야 한다."

마태 9,17

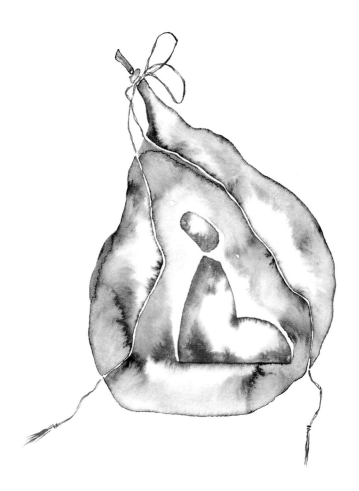

다행입니다

내가 나를 알아서
두려웠습니다

혹시나 누구라도
내 본모습을 알까 하여

특히, 내 님

괜찮아

그리 말해 주며
위로하시는 그 눈빛에
다시 시작합니다

다행입니다
님께서 나를 아시니

"그분께서는 너희의 머리카락까지 다 세어 두셨다.
그러니 두려워하지 마라. 너희는 수많은 참새보다 더 귀하다."
마태 10,30-31

가족

한 식탁에 모여 앉아
밥을 나누면
그게 식구지

한마음으로 모여
정을 나누면
그게 친구지

그렇게
밥을 나누며
정을 나누며
사랑을 나누는
우리는 가족입니다

"하늘에 계신 내 아버지의 뜻을 실행하는 사람이 내 형제요
누이요 어머니다."

마태 12,50

풍요롭게

우리의 손으로
우리의 발로
우리의 맘으로

나눠야 할 것이
참 많습니다

찾아가야 할 이가
참 많습니다

그렇게
모두가 풍요로운 세상
그곳에 우리가 함께

"어떤 것은 좋은 땅에 떨어져, 자라나서 백 배의 열매를
맺었다."

루카 8,8

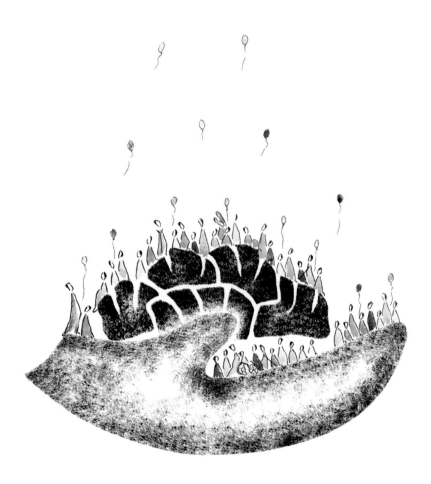

함께한다는 것

불평할 것 없다
그 역시 불편할 것이다

화낼 것도 없다
그 역시 그러고 싶을 거니까

나라고 어디 편한 사람인가

누구나 같다
내 뜻대로 되지 않는 것은

하여, 참아 내며
안아 주며 가는 거다

님께서 지금
그리 기다리는 것처럼

"수확 때까지 둘 다 함께 자라도록 내버려 두어라."

마태 13,30

작은 기도로

내 작은 기도로
한 사람이 웃고
그 웃음으로
또 한 사람이 웃어

세상 모든 이가
웃을 수 있기를

내 작은 기도로
한 사람이 행복하고
그 행복으로
또 한 사람이 행복하여

세상 모든 이가
행복할 수 있기를

"하느님의 나라는 겨자씨와 같다.
하느님의 나라를 무엇에 비길까? 그것은 누룩과 같다."
루카 13,19,20,21

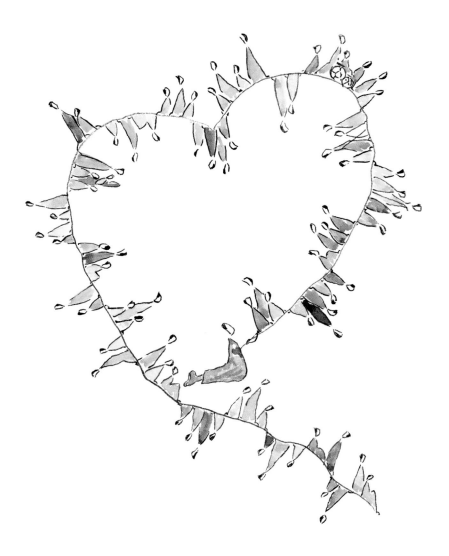

생각할 시간

직진만 하며 살았다
그게 맞다고
그래야 한다고
아무 생각 없이
직진만 하며 살았다

유턴 신호 앞에서
가던 길을 멈추고
생각이란 걸 해 본다

왜, 이렇게 직진만 하며
살아왔는지
어디를 가는지

지금은 생각할 시간이다
제대로 가기 위해
제대로 살기 위해

"너희도 회개하지 않으면 모두 그렇게 멸망할 것이다."
루카 13,5

고민할 것 없이

고민할 것 없이
한 번 더
돌아보면 된다

고민할 것 없이
한 번 더
안아 주면 된다

그냥, 딱
눈앞에 놓인
이번만을 생각하자

그럼 넘어가 줄 수
있을 것이다

"주님, 제 형제가 저에게 죄를 지으면 몇 번이나 용서해
주어야 합니까? 일곱 번까지 해야 합니까?"

마태 18,21

쉽지 않지

말대로 된다면
못 할 약속 어디 있을까

뜻대로 된다면
못 할 일이 어디 있을까

맘대로 말대로
안 되는 것이
삶이더라

하여
겸손하게 하늘을
봐야 하는 거더라

"내가 진실로 너희에게 말한다. 부자는 하늘 나라에
들어가기가 어려울 것이다."

마태 19,23

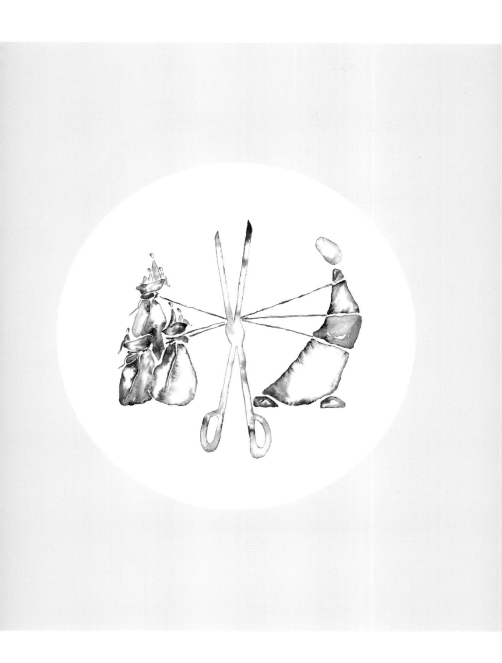

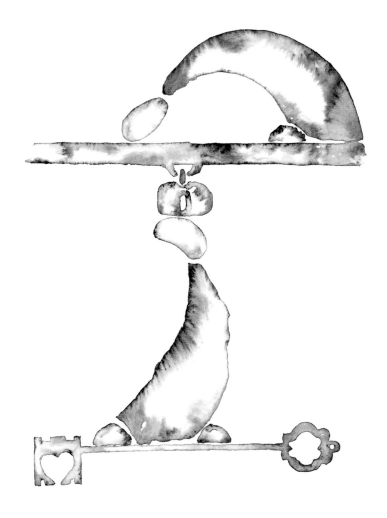

문을 열어 주세요

몇 번을 외쳤다
하지만, 닫힌 문은
열리지 않았다

무심한 하늘을 두고
원망했다

정작, 내 발밑의
열쇠는 보지 못하고

기다리는 그 마음을
이해 못 한 채

"주인님, 주인님, 문을 열어 주십시오."
"나는 너희를 알지 못한다."

마태 25,11.12

말 때문에

말, 나의 말 때문에
누군가는 걸려 넘어지고

말, 나의 말 때문에
나 역시 묶여 멈춰 서고

말, 나의 말 때문에
누군가는 오늘을 살지

말, 나의 말 때문에
말, 너의 말 때문에
세상이 행복할 수 있다면

"이 악한 종아, 나는 네 입에서 나온 말로 너를 심판한다."
루카 19,22

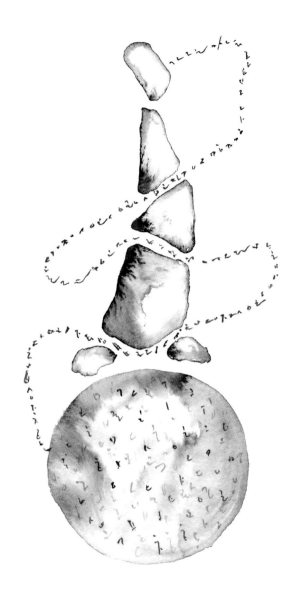

설령 그 자리라도

그 걷는 길이
붉은 양탄자가 아니라도

그 서는 곳이
환호와 영광의 자리가 아니라도

설령
그 걷는 길이
붉은 피를 뿌린다 하여도

설령
그 서는 곳이
야유에 비난의 자리라 해도

그 자리에
함께 서고 싶습니다

당신이 내 곁에 서 준 것처럼

— 그리스도 왕 대축일에

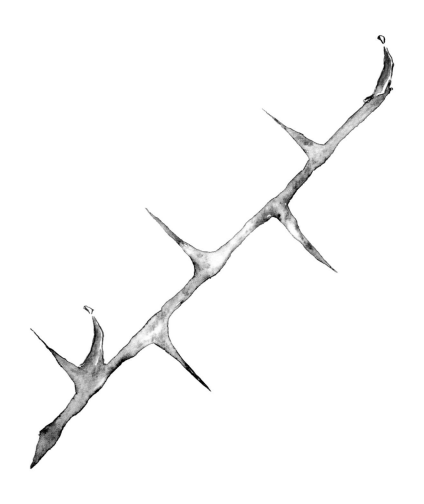

"내 아버지께 복을 받은 이들아,
와서, 세상 창조 때부터 너희를 위하여 준비된 나라를
차지하여라."

마태 25,34

다 그런 거다

불평할 것 없다
바다는 그냥 그런 거다

원망할 것도 없다
바람은 늘 그런 거다

내 작은 배를 탓할 것 없다
바뀔 것도 아닌데

내 마음을 바꿔야 한다
그럼 평온해진다

다 그런 거다

"너희 마음이 산란해지는 일이 없도록 하여라."

요한 14,1

제4부

파스카

끝까지 사랑하셨다

반드시 그 까닭이 있을 거야

어릴 적, 뻥튀기 아저씨가 손수레에 뻥튀기 기계를 싣고 온 날이면 동네 아이들이 아저씨 주변으로 모여들었습니다. 김이 오르면 아저씨가 쇠막대기를 손에 들고 "뻥이요!" 하고 외쳤습니다.

뻥튀기 아저씨의 그 말에 놀라서 소리 지르며 떨던 아이가, 이만큼 나이 든 지금도 제 안에 아직 있습니다. 하지만 두려움이란 것이 하얀 김처럼 사라져 버리는 별것 아닐지 모른다는 생각에 조금은 안심이 됩니다.

성경을 보면 주님께서는 수없이 많은 상황에서 "두려워 마라. 내가 곁에 있다"라고 말씀하십니다. 하지만 지금 우리는 그 말씀을 믿고, 그분을 신뢰하고 있을까요?

주님 역시 수난의 길에 들어서기 전, 겟세마니 동산에서 피땀을 흘리며 기도하셨습니다. 그 수난의 잔을 치워 주십사 간청도 하셨습니다. 두려움은 그런 것입니다. 주님마저도 떨게 하는 큰 힘을 갖고 있습니다. 하지만 두려움에 머리를 숙이고 주저앉지 않는 이들이 바로, 그 두려움을 이기고 한 발 앞으로 나가신 분을 주님으로 고백하며 사는 이들입니다.

'唯有以(유유이)'라는 말이 있습니다. '반드시 그 까닭이 있을 것이다'라는 뜻입니다. 저는 이 문구를 좋아합니다. 가끔 이해하기 힘든 어떤 상황을 맞으면, 종이를 준비하고 먹을 갈아 붓을 잡고 이 세 글자를 적습니다. 지금은 모르지만, 반드시 그 까닭이 있으리라는 확신을 적는 것입니다.

우리 앞에 놓인 어떤 상황에 대하여 아무런 정보도 없고, 이해도 안 될 때가 있습니다. 괜찮습니다. 어디 우리 주님인들 그 십자가의 길을 다 이해하고, 다 알고 가셨겠습니까? 가야 할 길은 그냥 가는 것입니다. '끝날 때가 오겠지, 이해할 때가 오겠지' 하고 지금은 가는 것입니다. 허리를 펴고 고개를 들어 하늘에 시선을 두고 한 발 앞으로 나아가면 됩니다.

이것만 기억하십시오. "그 발걸음에 님께서 함께하시리라. 반드시 그러하시리라."

이들이 쉴 수 있게

이젠 모든
다툼을 멈추고
무겁게 끌고 온
이 신을 벗겨
이들이 쉴 수 있게
해야 한다

더는 두려움에
떨지 않게

우리가 안아 줘야 한다
님께서 그랬듯이

"주님, 주님께서 제 발을 씻으시렵니까?"

요한 13,6

한 모금, 한 조각

한 모금으로
웃을 수 있고

한 조각으로
행복해지는
그런 먹거리가 있지

그 안에 담긴
큰 사랑에
배가 든든해져
행복해지더라

그런 사랑이
여기 있지

— 그리스도의 성체 성혈 대축일에

"이는 너희를 위하여 내어 주는 내 몸이다. 너희는 나를
기억하여 이를 행하여라."

루카 22,19

나는 믿습니다(Credo)

나는 믿습니다
내 님의 사랑을

나는 믿습니다
내 안의 사랑을

나는 믿습니다
우리 안에 사랑을

나는 믿습니다
그 사랑으로
행복할 세상을

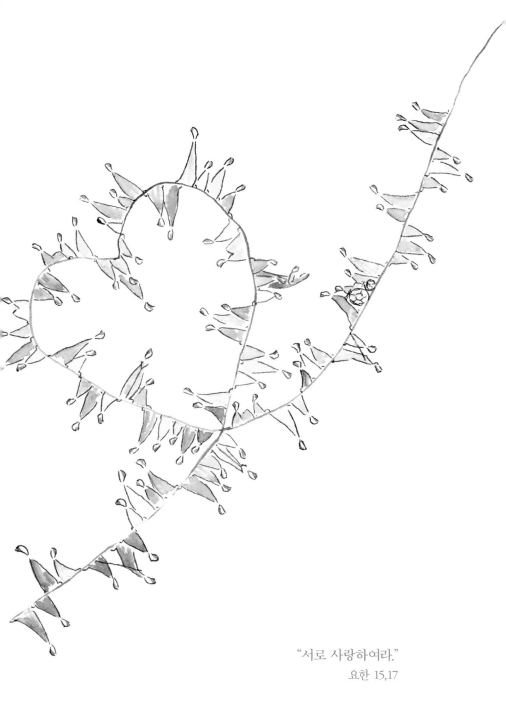

"서로 사랑하여라."
요한 15,17

하나가 되어

이렇게 우리는
한마음으로 하나가
되었습니다

이렇게 우리는
사랑을 나누며
하나가 되었습니다

참 보기 좋은
우리입니다

"그들이 모두 하나가 되게 해 주십시오."

요한 17,21

님 곁에

그
폭풍 속에서
도망치지 않고
그의 곁에
꼭 붙어
기도했습니다

내가 살려고…

그런 내가
님께 위로가
되었다 합니다

이런 나도

"시몬아, 자고 있느냐? 한 시간도 깨어 있을 수 없더란
말이냐?"

마르 14,37

결박

우리의 폭력이
우리의 탐욕이
우리의 약함이

그를
결박하였다

우리의 모습을
들키지 않기 위해

"너희는 강도라도 잡을 듯이 칼과 몽둥이를 들고 나를
잡으러 나왔단 말이냐?"

마르 14,48

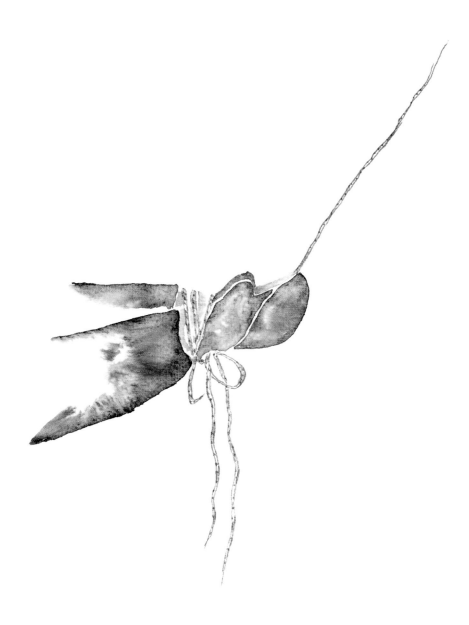

걱정 마오, 그대여

닭은 울 것입니다

당신의 허세는 무너지고
오열하며 울게
될 것입니다

하지만, 그대여!
걱정 말아요

그 자리에서 일어나
님처럼 많은 이를
사랑할 것입니다

그대는 참 좋은 이로
기억될 것입니다

"베드로는 예수님께서 '닭이 두 번 울기 전에
너는 세 번이나 나를 모른다고 할 것이다' 하신 말씀이
생각나서 울기 시작하였다."

마르 14,72

광기의 노래

그래
그게
여러분의
할 일이지요

더 크게
외치시오

그 광기의
노래를
목청껏
부르시오

십자가에
못 박으시오
십자가에

"십자가에 못 박으시오! 십자가에 못 박으시오!"
마르 15,13.14

어머니 어머니

처음부터 이리
될 줄 알았지만

처음부터 여기
이렇게 설 줄 알았지만

멈출 수 없었습니다

그렇게 님께선
우리의 어머니가 되었습니다

어머니, 어머니!

"예수님의 십자가 곁에는 그분의 어머니와 이모,
클로파스의 아내 마리아와 마리아 막달레나가 서 있었다."
요한 19,25

하늘이 울던 날

엘리 엘리 레마 사박타니?

이 외침에
하늘은
빗물로 응답했지

내 외침에도
하늘은
또 그렇게
응답해 주시겠지

"엘리 엘리 레마 사박타니?"
"저의 하느님, 저의 하느님, 어찌하여 저를 버리셨습니까?"
마태 27,46

다 이루어졌다

그 걸음 걸음이 모여
그 한숨 한숨이 녹아
그 마음 마음이 쌓여

이렇게 이 모습으로
다 이루어졌다

그 걸음, 그 한숨, 그 마음
잠시 내려놓고

님이시여
쉬소서

"'다 이루어졌다.'
이어서 고개를 숙이시며 숨을 거두셨다."

요한 19,30

혼자가 아니야

혼자가 아니야
어둠 속에서 떨고 있는 이가

혼자가 아니야
답답함에 몸부림치는 이가

혼자가 아니야
죄책감에 눈물짓는 이가

혼자가 아니야
혼자가 아니야

하여
님의 부활이 필요한 거야
너, 나, 우리에게

"그날은 유다인들의 준비일이었고 또 무덤이 가까이
있었으므로, 그들은 예수님을 그곳에 모셨다."
요한 19,42

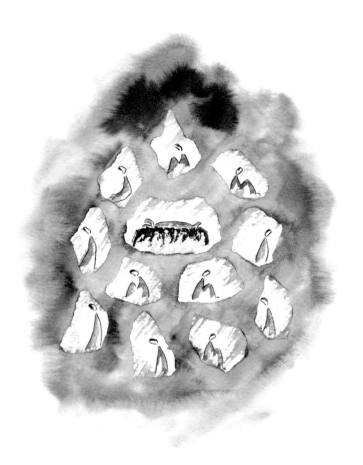

인사

마리아야!

라뿌니!

그들은
그렇게
인사를 전했습니다

깊은 말
쌓인 이야기를
묻어 두고

그렇게
덤덤하게
인사를 전했습니다

"예수님께서 '마리아야!' 하고 부르셨다. 마리아는 돌아서서
히브리 말로 '라뿌니!' 하고 불렀다."

요한 20,16

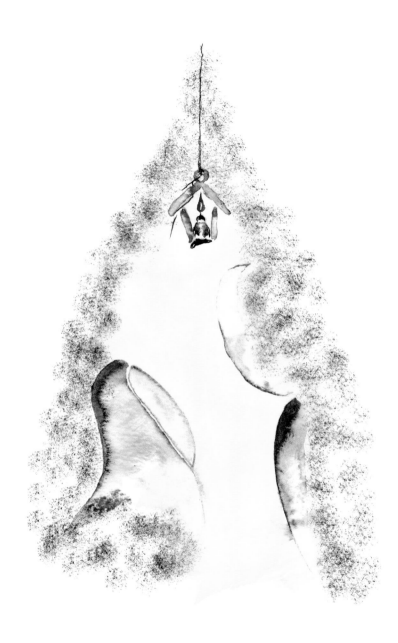

나누는 모습에서

나누는 모습에서
인사를 전하는 모습에서
사랑하는 모습에서

나의 신원이
확인될 수 있다면

정말
나는 어떤 모습에서
나의 신원이 확인될까
나는 어떻게 살고 있나

"그들도 길에서 겪은 일과 빵을 떼실 때에 그분을
알아보게 된 일을 이야기해 주었다."

루카 24,35

배려를 담아

누구나 크든 작든
가슴에 구멍을
하나씩 안고 살아가지

모른 척하고 넘어가
주기도 하지만

가끔, 괜찮아?
많이 아파?
봐 주고, 물어 주는
그 마음이 고마울 때가 있지

기다려 주는 마음도
물어 주는 마음도
사랑이겠지요

184

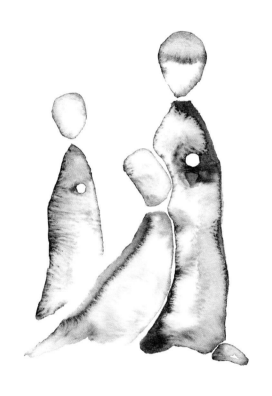

"평화가 너희와 함께!"
"내 손과 내 발을 보아라. 바로 나다. 나를 만져 보아라."

루카 24,36.39

밥상

밥은 식을까 하여
아랫목에 묻어 두고

마음 담아 찬을 차려
식탁보로 덮어
언제 올지 모르는 님을 기다린다

피곤한 몸을 이끌고
들어선 집에
차려진 그 밥상은
감사요
사랑이리라

잘 차려 주셨으니
잘 먹겠습니다

"예수님께서 그들에게 '와서 아침을 먹어라' 하고 말씀하셨다."

요한 21,12

사랑합니다

베드로야! 사랑한다
예, 저도 사랑합니다

베드로야! 사랑한다
예, 저도 사랑해요

베드로야! 사랑해
예, 저도요

님께서 나의 이름을 불러
사랑을 전해 줬습니다

"요한의 아들 시몬아, 너는 나를 사랑하느냐?"

요한 21,17

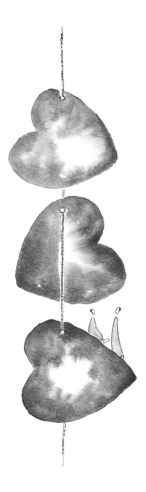

우리와 함께

부수어지고
꺾여 고개 숙인
우리와 함께

님께서
다시 사셨네

이 세상의
무게를 부수고

우리와 함께
다시 사셨네

"놀라지 마라. 너희가 십자가에 못 박히신 나자렛 사람
예수님을 찾고 있지만 그분께서는 되살아나셨다.
그래서 여기에 계시지 않는다. 보아라, 여기가 그분을
모셨던 곳이다."

마르 16,6

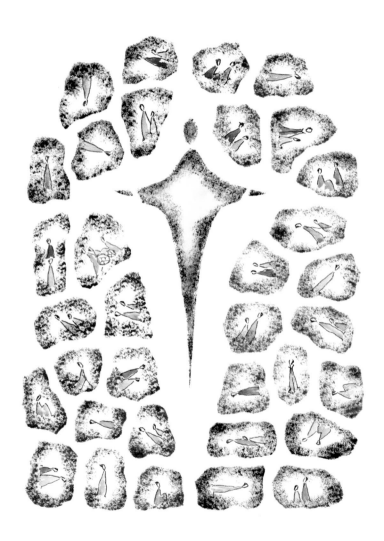

긴 터널을 지나서

참 오래 걸렸다.

길고, 어둡고

지겨운 시간들

지나고 보니

그랬구나!

그랬었구나!

말밖에

지나고 보니….

기도를 그리다

서울대교구 인가 2024년 4월 8일
초판 1쇄 펴낸날 2024년 10월 10일
2쇄 펴낸날 2024년 12월 15일

지은이 배영길
펴낸이 나현오
펴낸곳 성서와함께

주소 06910 서울특별시 동작구 흑석로13길 7
전화 02-822-0125~7 **팩스** 02-822-0128
인터넷 서점 www.withbible.com
전자우편 order@withbible.com
등록번호 14-44(1987년 11월 25일)
—
ISBN 978-89-7635-439-6 03230
—